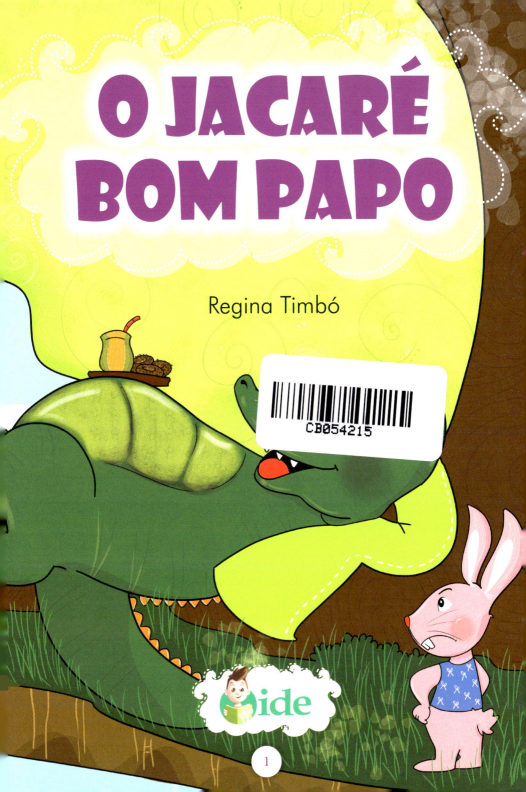

    Existe um lugar, não se sabe se perto ou longe, mas para chegar lá só depende de você.

    Você quer conhecer?! Venha, vamos!

    É a Floresta Encantada.

    Conta-se que lá tem algo especial e comum a todos aqueles que ali vivem: a união e a amizade. E também, como o próprio nome diz, parece que tudo lá é encantado. Nessa floresta, há um número enorme de animais de muitas espécies diferentes, bem diferentes: macaco, tartaruga, sapo, jabuti, esquilo, jacaré... E por falar em jacaré, esta história conta um pouquinho da vida de um jacaré: o Jacaré Bom Papo.

   Próximo à Lagoa Azul, vivia o nosso amigo jacaré, mais conhecido como Jacaré Bom Papo.

   Era um jacaré todo de couro verde, grande e bem comprido. Gostava de comer bem e de descansar bastante. Enfim, gostava de "bem viver"!

   O Jacaré Bom Papo conhecia todo mundo e era bastante conhecido, mas... não era muito bem-vindo, não. Ora, não foi à toa que ganhou esse apelido. Ele tinha um papo de iludir qualquer um. Quase toda a bicharada já tinha "caído" no seu "queixo".

Bem, tudo começou quando ele era ainda jovem. De vez em quando, usava o seu "grande queixo" para "enrolar" os outros e, certamente, tirar vantagem. A maior parte dos peixes já sabia: quando o Jacaré Bom Papo chegava para uma visitinha... a campainha soava como que a dizer: CUIDADO! PROBLEMA! E aí ficava para o almoço, para o jantar, e ainda devorava o que tivesse na despensa. A dona da casa, coitada, passava fome naquele dia. E tudo isso ganhava no "papo".

Chegava dizendo assim:

— Sou doente!

— Não posso fazer esforço, sou muito fraquinho!

— Oh, não tenho como conseguir meu próprio alimento.

Sempre tinha uma doença nova. Uma dor aqui, outra acolá, uma choradeira de convencer qualquer um.

Assim, a cada dia, um bicho ajudava por vez.

Dona Sapa, bondosa e amiga, chegava a fazer sopinha para o Jacaré Bom Papo. Porém, com o tempo, a bicharada foi percebendo que ele não era tão doente assim.

Baile no fundo do lago, ele nunca faltava.

Piquenique no mangue, chegava antes de o Sol nascer.

E o mais interessante: era o primeiro a abrir as cestas de comida... dos outros, é claro, pois ele mesmo nunca levava nada.

Essa era a "vidinha boa" do Jacaré Bom Papo.

Com o passar do tempo, a bicharada foi perdendo mais e mais a confiança nele; somente alguns poucos, desavisados, caíam no seu "queixo".

Mas aproximava-se o dia da grande surpresa. Um acontecimento que iria marcar para sempre a vidinha daquele lugar.

Era domingo na Floresta Encantada, dia de grande circulação de animais de outras florestas. Passeavam para cá e para lá, prontos para caírem no "bom papo" daquele jacaré.

O Jacaré Bom Papo acordou bem-disposto naquele dia. Esticava o rabo e pensava, enquanto vestia o seu paletó verde-limão: "Hoje eu garanto o meu almoço".

— Gente nova na lagoa, pronta para ajudar um pobre coitado jacaré - disse, saindo de sua casa.

Voltou para casa à tardinha, com a barriga enorme, de tanto comer às custas de um e de outro.

Deitou-se sem olhar para o céu e caiu num sono pesado. Nem percebeu que o tempo estava fechado e prometia uma grande tempestade que, por sinal, não tardou a chegar.

Uma enchente invadiu a Lagoa Azul. Árvores eram arrancadas com raiz e puxadas pela correnteza, que se fazia cada vez mais forte.

A maioria dos animais tinha se preparado e se protegia como podia, porém o Jacaré Bom Papo não teve tempo. Acordou sentindo uma grande pancada no seu valioso queixo. Era um tronco que fora arrancado pela tempestade e empurrado pelas águas até ele.

— Oh, que dor! - exclamou gemendo o jacaré.

Por mais que tentasse gritar, pedir ajuda, quase não conseguia emitir som. Além do mais, os que o escutavam não acreditavam, achando que era "mais uma de suas histórias".

Por um momento, lembrou-se de tudo o que tinha feito à bicharada.

"Como enganei meus amigos!"

"E agora?"

"Quem irá acreditar em mim?"

Este foi seu último pensamento. Caiu na correnteza.

No outro dia, era grande a confusão na Floresta: ninhos derrubados, animais feridos e doentes, mas todos em clima de solidariedade, uns ajudando os outros.

O Sr. Sapão ainda lembrou:

— Já passou do meio-dia e não vi o danado do Jacaré Bom Papo. Onde estará?

— Será que já está iludindo alguém? - completou Biquinho, o passarinho.

Naquele momento, um pouco distante dali, o Jacaré Bom Papo parecia acordar de um pesadelo. Como doía seu queixo; certamente, tinha quebrado.

Abriu os olhos quase sem conseguir e viu Beijinho, o beija-flor, voando por ali. Tentou chamar, mas a voz não ajudava. Mexia o queixo, mas não saía som. E lá se foi sua chance de pedir socorro nas asinhas rápidas do beija-flor.

Fechou os olhos e, quando os abriu novamente, reparou que Bolinha, um peixinho conhecido, passava por perto. Esforçou-se mais uma vez, já quase sem esperança de ser ouvido.

— Bolinha, por favor, ajude-me - balbuciou, rouco, o Jacaré Bom Papo.

O peixinho virou-se e viu a cena: o Jacaré Bom Papo estendido no chão, sujo e maltrapilho. Assustou-se, fez jeito de ir socorrer, mas imediatamente lembrou-se das suas artimanhas e foi logo desistindo do socorro.

— Não acredito em você! Quantas vezes já me enrolou? Acho que está se fingindo de doente. Talvez queira até me devorar! - gritou Bolinha de longe.

— Não é verdade. Estou realmente precisando de ajuda, acredite em mim, só desta vez! - exclamou o Jacaré Bom Papo num esforço tremendo.

— Como posso saber se é verdade? - perguntou Bolinha.

Nessa hora, o jacaré virou-se e o peixinho viu o inchaço e o machucado em seu queixo.

— Por favor, Bolinha, chame o Dr. Corujão, preciso de um médico - tentava convencer.

Bolinha foi embora e, em pouco tempo, retornou com o Dr. Corujão. Rapidamente, o doutor da Floresta Encantada começou a tratar dos ferimentos do jacaré.

Naqueles poucos instantes, o Jacaré Bom Papo relembrou toda a sua vida.

"Eu tinha um bom papo, uma conversa boa, uma capacidade para conquistar e convencer os outros. Usei todo esse talento que Deus me deu para explorar e enganar. Brinquei, pintei e bordei com a boa vontade e as boas intenções da bicharada."

Nesse momento, sua dor aumentou.

"Essa dor eu não curo com remédios" - pensava muito triste o Jacaré Bom Papo.

Mas como uma luz que chega devagarinho no meio da escuridão, sentiu um raiozinho iluminando seu coração. Prometeu a si mesmo que, a partir daquele dia, se conseguisse falar novamente, só iria usar sua voz e sua inteligência para o Bem, para ajudar a todos.

Logo sentiu-se mais fortalecido, não só para a cura da pancada no seu queixo.

Passaram-se os dias e a rotina já voltava à Floresta Encantada, mas... algo tinha mudado!

    Os bichos tinham decidido, em Assembleia Geral, que construiriam uma barragem para se protegerem das próximas enchentes. Em suas horas de folga, ajudariam nessa construção. Então, cada um ajudava como podia, entretanto, tinha um bicho que se destacava - não tinha dia nem hora - sua dedicação era integral. Era o Jacaré Bom Papo. Havia se transformado depois do acidente. Conseguiu voltar a falar, com dificuldade, é certo, mas sua alegria de viver era contagiante e mantinha sempre um largo sorriso.

    O jacaré encontrara, no apoio e na amizade da bicharada, a renovação do seu coração, que se tornou puro, bondoso e leal.

    O Jacaré Bom Papo estava muito feliz com sua nova vida.

Fim!